草乃しずかの世界

ひと針に祈りをこめて40年

大和書房

ご挨拶

私は、終戦直前の厳しい時代にこの世に生を受けました。戦後の新しい日本が生まれ発展していく復興の過程は、そのまま私の青春時代に重なります。やがて結婚をして母になった私の人生は平穏で幸せなものでしたが、一方で、理想と現実のあいだで激しく揺れる心と向き合う日々でもありました。思えば私は青春時代からずっと、生きることの意味を考え、悩み続けてきたような気がしています。

青年期も過ぎ、子育てを終え、いつの間にか壮年期を迎えて、七十歳を目前にした私は、なにか日常に少し疲れてきたように感じ始めていました。そんなとき、二〇一一年三月に、あの東日本大震災は起こりました。

被災地の方たちの深い悲しみを目の当たりにして、私自身もそれまでに経験したことのない悲しみと不安の中にありました。生きて行くことにどれほどの意味があるのだろうか、私たちはなにかの力でただ生かされているだけなのではないだろうかと、若い頃に思い悩んだようなことが再び思い起こされたのです。

青い空にたなびく雲。流れ行く川の水。風に揺れる草花。

人の一生はそんな自然と同じように移ろいやすく、目に見えない大きな運命に操られているかのよう……、そんなことを強く感じました。長いあいだ、そうして考えておりましたが、あるときふと、人が人としてあるべき姿は、家族や地域の人たち、そして日本中の、世界中の人々の幸せを願い、祈ることにあるのだと、悟るように思いました。

私は、これまで悩みを抱えたときはいつも、刺繍に救われてきました。思いをこめてひと針ひと針を刺していると、心のうちの喜びや悲しみが糸の流れとなって、いつしかそれが祈りにも通じていると感じることがあるのです。

私が刺繍を始めて、四十年の月日が過ぎました。その長い時の流れも、今日この日のためにあったのだと気づき、〝ひと針に祈りをこめて40年〟と題して、皆様に私の今日までの作品を御覧いただくことになりました。「未来への飛翔――桜伝説」は、私の四十年の思いと祈りをこめて新たに創作したものです。

私たち日本人が昔から持っている勇気と思いやりの心を、今、皆で持ち寄って手をつなげば、ふるさと日本の未来は希望で輝くはず……。作品にこめたそんな思いと祈りを感じていただければ幸いに存じます。

草乃 しずか

「草乃しずか展」によせて

独特の感覚で再現した日本刺繍の素晴らしさ

『徹子の部屋』で、初めて草乃さんの作品を見た私は、「まあ！」と叫んでしまった。

まっ先に目に入ったのは草乃さんのお父さまの形見の、黒っぽい、つむぎの着物に、絹糸や金銀糸で「稲」を刺繍して、見事な女性のよそゆきにした、実に愛情のこもったものだった。他のいくつかもすべてが独特で、私は感心した。「箪笥の中に寝かせておかないで、糸と針を使って、生かしてあげましょう」。なんて面白く、そして、いまの地球にやさしい、物を大切にするアイディア!!『徹子の部屋』は大評判だった。その後、草乃さんはウィーンのシェーンブルン宮殿で展覧会を開くことを夢見て、一枚の振袖を創作した。シェーンブルンの女王マリア・テレジアの娘は、あのマリー・アントワネット。十八世紀のフランスの宮廷芸術を花ひらかせたマリー・アントワネット。なんと、そこに草乃さんは源氏物語をあてはめた。千年以上も前の、世界で初めての小説。しかも宮中がテーマ。作者が女性。私は、このアイディアにも驚嘆した。みやびやかで、あでやかな中に、どこか日本人が持っていた、ゆかしさが見えかくれする日本刺繍の特徴を、存分に発揮し、草乃さんでなければのアイディアが随所に見える渾身の作品！　そして英国での展覧会。草乃さんは、日本刺繍の素晴らしさを、独特の感覚で進めていった。でも、主婦である彼女は、はじめの頃、夫が帰ってくる足音がすると、すべての物を、さっとしまって、主婦に戻っていた。本当の妻の立場と、精神的にも自立する事を静かに成立させ、刺繍作家になった草乃さん。私は、ずっと応援していました。今回の『ひと針に祈りをこめて40年』展の御成功を！　拝見する前の今からワクワクして、待っています！　でも、これを最後にします、なんていわないで！

女優・ユニセフ親善大使　黒柳 徹子

お父さまの形見の紬は、自分で着ればその優しさにまた包まれるような気がして、
刺繍で女物に仕立てました。美しい紬の縞に、同系色の稲をあしらっています。

マリー・アントワネットが着物を着るならどんな着物かしらと考えて生まれた着物。
運命の赤にウイーンのバラを刺繍して、時代に流された女性を表現しました。

 撮影／筒井雅之

草乃しずかの世界 ひと針に祈りをこめて40年 目次

◎表紙／振袖 鳳凰（2013年） ◎各作品の寸法表示は、作品全体の寸法（タテ×ヨコ）です。 ◎撮影協力／瑞泉寺（鎌倉市二階堂）

序章

寿ぎに集いて

日本には吉祥文様と呼ばれるさまざまな文様があります。身にまとうものにあしらって、着る人の幸せや健やかなることを願うのです。亡き祖母が結婚式の日に着た打ち掛けは、もとは白無垢でした。私はそれを赤く染めて、天国の祖母の幸せを祈って鶴亀文様を刺繍しました。祝い尽くし文を刺繍した花嫁衣裳も、花嫁の新しい人生に幸あれと願ったものです。いま世の中にはいろいろとたいへんなことがありますが、まずはご自分の足元にある幸せ、心の幸せを思い起こしてほしいと思います。ご覧になった方がふっと、幸せな気持ちになっていただけたらうれしく思います。

祝い尽くし

第一章

花に心をうつして

古来、日本人は野辺の草花や路傍の石ころにまで神が宿っていると考えてきました。人々は自然を畏れ、感謝しながら生きてきたのです。一輪の花と出会って、私はふと我に返ることがあります。流されがちな日常の中で、それまで気づかなかった自分の心の機微に触れることがあるのです。花にはいろいろな個性があるのに、花びら、花芯、葉など全体のバランスはどれも美しく整っています。花は日の光も風も雨も、自然のすべてを受け入れて、自然に命を委ねている。そんな花の姿に自分の人生を重ね合わせてしまうのです。

書（第一章）　齊藤紫香

春・夏の花歌留多

［額］テッセン 30×30cm（2013年）

秘すれば花
秘せずば花なるべからず
世阿弥「風姿花伝」より

［額］オダマキ 30×30cm（2013年）

［額］ユウガオ 30×30cm（2013年）

［額］ミモザ 30×30cm（2013年）

［額］キリ 30×30cm（2013年）

［額］ムラサキツユクサ 30×30cm（2013年）

［額］フヨウ 30×30cm（2013年）

［額］アサガオ 30×30cm（2013年）

［額］サクラソウ 30×30cm（2013年）

［額］サクラ 30×30cm（2013年）

［額］サクラフブキ 30×30cm（2013年）

［額］アジサイ 30×30cm（2013年）

［額］ユリ 30×30cm（2013年）

［額］スミレ 30×30cm（2013年）

［額］ヒナゲシ 30×30cm（2013年）

［額］ヒマワリ 30×30cm（2013年）

［額］フジ 30×30cm（2013年）

散りぬべき
時知りてこそ世の中の
花も花なれ
人も人なれ
細川ガラシャの辞世

［額］タンポポ 30×30cm（2013年）

［額］シロツメクサ 30×30cm（2013年）

［額］ショウブ 30×30cm（2013年）

［額］ボタン 30×30cm（2013年）

［額］ヤエザクラ 30×30cm（2013年）

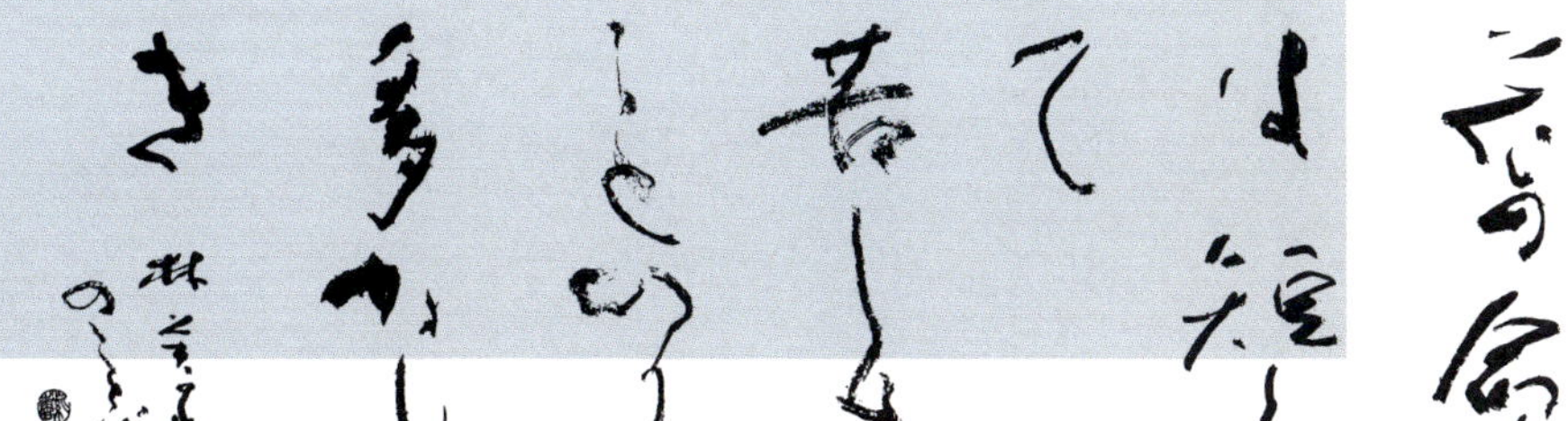

花の命は短くて
苦しきことのみ
多かりき

林芙美子の言葉

うつろひ

春・夏の花歌留多

うつろひ

春に桜が咲いたその上に、おぼろな月が見えます。
前ページのように、オーガンジーを重ねると、そこには散る桜の花びらの刺繍が。
風を受けて揺らめくオーガンジーは、時の移ろいを表現しています。

［タペストリー］うつろひ 152×156cm（桜浪漫展：2000年）

秋・冬の花歌留多

秋草物語

秋の夜の風景。日が沈んでも遠くまでうっすらと秋の草が見えます。
次ページのように、重ねたオーガンジーには満月の刺繍。
月に照らされて明るい足元に小さな露芝が光っています。

［タペストリー］秋草物語 163×144cm（源氏物語展:2004年）

秋草物語

秋・冬の花歌留多

［額］ハギ 30×30cm（2013年）

しばらくは
花のうへなる月夜かな
芭蕉の句

［額］イワシジャン 30×30cm（2013年）

［額］シュンラン 30×30cm（2013年）

［額］スイセン 30×30cm（2013年）

［額］ウメ 30×30cm（2013年）

［額］キク 30×30cm（2013年）

［額］コウリンウメ 30×30cm（2013年）

［額］キキョウ 30×30cm（2013年）

［額］ツワブキ 30×30cm（2013年）

［額］マンジュシャゲ30×30cm（2013年）

［額］トリカブト 30×30cm（2013年）

花の色は
移りにけりないたづらに
我身世にふる
ながめせしまに

小野小町の歌

［額］ランギク 30×30cm（2013年）

［額］オミナエシ 30×30cm（2013年）

［額］ポインセチア 30×30cm（2013年）

［額］ナデシコ 30×30cm（2013年）

［額］コスモス 30×30cm（2013年）

［額］ツバキ 30×30cm（2013年）

第二章

ひと針に思いを託して

幼い頃、針仕事をする母の姿を見て育った私は、やがて自分が母親になる時、赤ちゃんの産着に初めて花一輪の刺繡をしました。それから四十年。詩や文学そして音楽が好きな私は、絹糸の艶と色彩とひと針ひと針にこめた思いとで、その時の私が美しいと思ったものを表現してきました。三十代は「桜日記」、四十代は「心に着せて」、五十代は「源氏物語」、六十代は「雪月花」。その時々の必死の創作は、いつも次への展開に繫がりました。それは私自身が私自身を知るための作業だったのかもしれません。そして今、継続は力なり、とあらためて思います。

［額］桜日記 0歳 45×33cm（夢刺繍展:1996年）

［額］桜日記 10歳 45×33cm（夢刺繍展:1996年）

桜日記

私が肉親を亡くした初めての悲しみは、言葉では例えようがありません。それまでの刺繍では美しく上手に表現することだけを考えていたのですが、父との永遠の別れを経験して、私のひと針ひと針に私の心が重なって行きました。そしてそれからは、私は刺繍で自分の心を表現するようになりました。

私の七十年

【ゼロ歳】ひとひらひとひらを重ねて
母は自分の心と身体を一枚一枚花びらにして、
胎内の私に命をプレゼント。

【十歳】微笑みを信じて
父や母そして兄たちに可愛がられ、
少女としての夢がふっくらと。

【二十歳】出会いの時
一本の桜の木に出会って咲いた白いウェディングドレス。

【三十歳】思惑
妻として母として、また嫁として生きる。
そのなかで自分を見失う恐怖。

【四十歳】命ひとつひとつを抱いて
自分を見つめて、刺繍に託して
新たな自分探しの旅に出ることを決心。

【五十歳】君いずこにおわして
光ある時を大切に、風に舞い、流れにまかせ、心遊ぶ。

【六十歳】我を知り人を愛する
自分の経験を社会に還元できたらと
努力を積み重ねる日々。自分自身の成長ともなる。

【七十歳】八重に咲く心の年輪
最後まで自分らしく生きるために、
思いやりと希望、そして勇気を持つことが大切と思う。

［額］桜日記 20歳 42×33cm（夢刺繍展:1996年）

［額］桜日記 30歳 39×33cm（夢刺繍展:1996年）

［額］桜日記 40歳 45×32cm（夢刺繍展:1996年）

[額]桜日記 50歳 61×25cm 3点（桜浪漫展:2000年）

［額］桜日記 60歳 36×58cm（源氏物語展:2004年）

［額］桜日記 70歳 50×32cm（2013年）

［帯］祖母の丸帯と手まりの刺繍を合わせて

［帯］振袖をおしゃれ帯に

［帯］袴地に団扇のアプリケ

夢刺繍

私の義母は、晩年に病に倒れ、十年間の介護ののちに天国に召されました。私には、もっとこうしてあげたかったという無念な思いがありましたが、やがて義母が残した着物や帯に刺繍をするようになって、義母とふたたび心を通わせられるようになりました。のちに、実の母のものなど昔の着物や帯に刺繍をするようになったのはそれがきっかけでした。もともとのよさを生かすような創意工夫の手を加えながら、いろいろな着物や帯に刺繍をするようになると、かつてそれを身にまとっていた、会ったこともない方とも夢物語をするようになりました。

［着物］（右）義母の3枚の紬の着物をつたの葉でつなげて
［着物］（左）祖母の黒留袖の紋を刺繍で隠して訪問着に

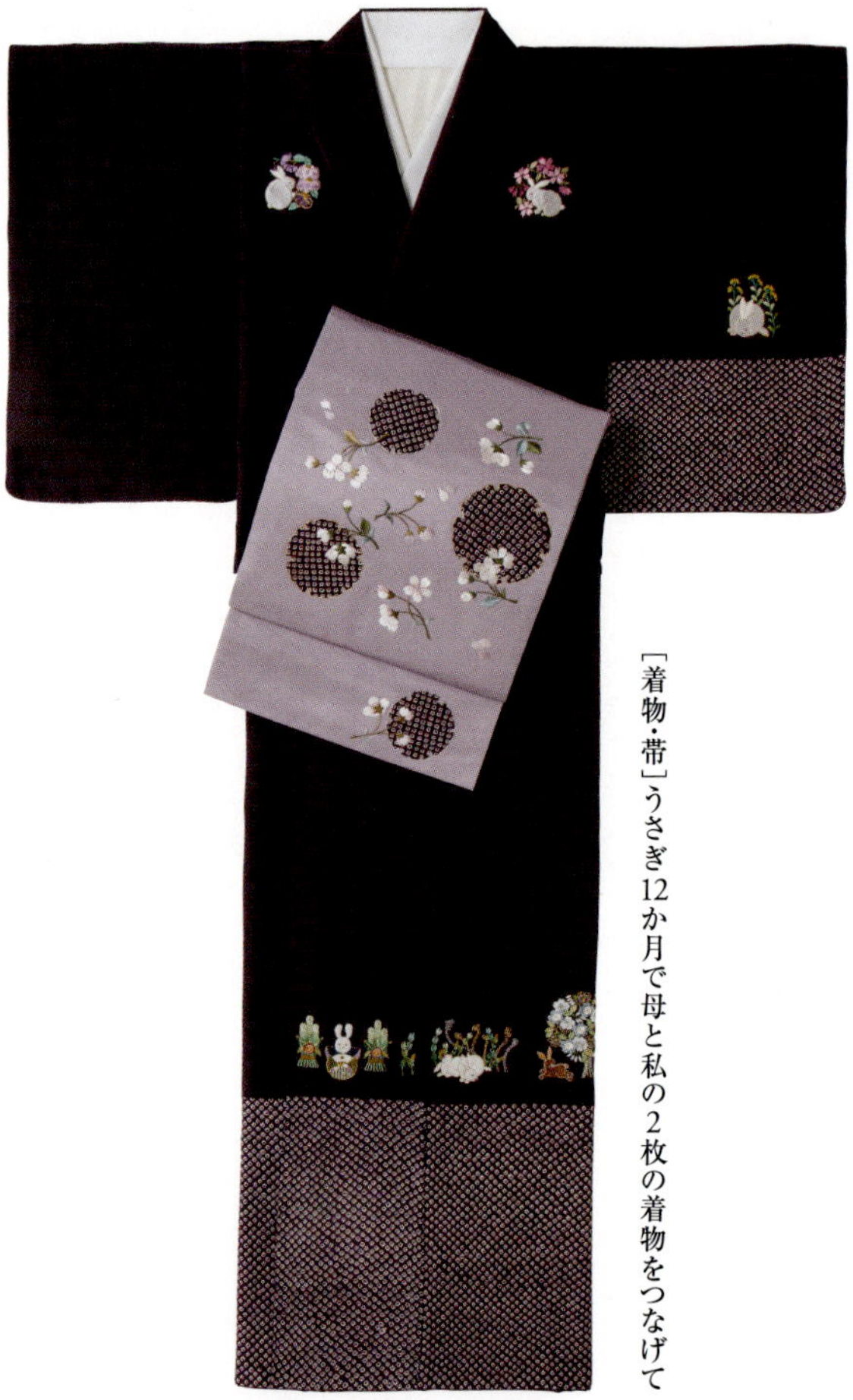

［着物・帯］うさぎ12か月で母と私の2枚の着物をつなげて

［振袖］大正ロマンに絹糸をのせて

文学浪漫刺繍

一九九七年に開催された「文学浪漫刺繍展」では、〈心に着せて〉というテーマで初めての試みをしました。私はいろいろな着物に自分が着たいと思う刺繍模様を入れてきましたが、私自身が着たい着物、また着られる着物には限りがありました。そこで、自分とは違う他の女性を思って、その方にはどんな着物が似合うかしら？と考えてみたのです。それはとても楽しい仕事でした。展覧会では、私が読んで好きになった小説や物語に登場するいろいろな女性の心模様を着物と帯に表現して、その女性の姿を心の中に描いて着せてみました。

［帯］智恵子抄
（上）なす
（下）ひなげし
（文学浪漫刺繍展:1997年）

［振袖・帯］春琴抄（文学浪漫刺繍展:1997年）

［着物·帯］或る女（文学浪漫刺繍展:1997年）

桜浪漫

日本では、花といえばまず桜です。ぱっと咲いてはかなく散ってゆく桜の姿は、日本人の心のありようとどこか繋がっているのでしょうか、誰しもがなぜか心惹かれるのです。刺繍展として大きな舞台を展開することになった時、私はすぐに、そのテーマには私

［振袖］花筐（桜浪漫展:2000年）

の創作刺繍のきっかけにもなった桜がいちばんふさわしいと思いました。日本の文化の歴史の中で長いあいだ育まれてきた桜への思いを、私なりにいろいろな刺繍で表現しました。桃山時代を思い描いた作品は能にヒントを得たものですが、美しい三枚の振袖になりました。

［振袖］静御前（桜浪漫展:2000年）

［振袖］西行桜（桜浪漫展:2000年）

源氏物語

五十代の頃、私は自分が女性として人生をどう完成させて行くのかを考えていました。その頃に出会ったのが『源氏物語』です。『源氏物語』五十四帖をテーマに刺繍表現をしたのですが、刺繍をしているあいだ、私はずっと紫式部と人生を語り合っていました。『源氏物語』にはいろいろな女性が描かれていますが、あるとき、私自身の中にもいろいろな女性がいることに気づきました。紫式部は、女性がどう生きるかのヒントを与えてくれます。『源氏物語』の女性たちが、今の私たちの中にも生きていることを感じていただけたら、と思うのです。

［着物］源氏物語五帖 若紫（桜浪漫展:2000年）

紫の上

紫の上は、幼い頃から光源氏が理想の女性に育て上げた絶世の美女です。幼い頃を若紫と呼びますが、十四歳の春に紫の上として源氏と結ばれます。源氏とのあいだに子ができないこともあって、嫉妬の悲しみと愛される喜びの中で翻弄され、晩年は不幸でした。そんな紫の上には、やはり匂うような紫のイメージがあります。

［几帳］源氏物語三十五帖 若菜・下 180×152cm（桜浪漫展:2000年）

源氏がもっとも愛した紫の上。源氏の愛を一身に集めましたが、それはほかの女性からの嫉妬を呼ぶことにもなりました。この几帳「若菜・下」の紫の地の上に刺繍された源氏香の図は、源氏が愛したほかの女性たちです。紫の上と源氏を巡る女性たちの嫉妬の苦しみを表現しています。

［几帳］源氏物語四十一帖 幻 180×114cm（源氏物語展:2004年）

源氏の君が愛した紫の上は、ほかの女性からの嫉妬と、また明石の君への自らの嫉妬にも苦しみ、やがて出家の願いも叶わぬうち、源氏に先立って世を去ります。この几帳「幻」は、源氏が紫の上を偲んで詠んだ歌を題材に、紫の上の儚い命を枝垂れ桜で、尼になる夢を鈍色の染めで表現しています。

［着物］源氏物語十二帖 須磨（源氏物語展:2004年）
［帯］源氏物語四十帖 御法（源氏物語展:2004年）

源氏は都での災いを避けて人淋しい須磨に逃れます。ひとり残された紫の上は悲しみのなかで成長していきます。自分の身の上に不安を抱く紫の上は晩年に、出家を望みますが源氏はそれを許しません。やがて病の末に儚く息を引き取る紫の上。着物「須磨」と帯「御法」の水の流れは、そんな紫の上の人生を表現しています。そして掛軸「雲隠」は源氏の寂しげな後姿です。

［掛軸］雲隠 152×35cm（源氏物語展:2004年）

葵の上
六条御息所

源氏の正妻・葵の上と、源氏を熱愛する六条御息所《ろくじょうのみやすどころ》の有名な車争い。六条御息所は嫉妬から生霊となって葵の上を死へ至らしめることになります。源氏の君よりも七歳も年上で嫉妬深い六条御息所を、紫式部はやはり女性の個性のひとつとして描いています。車争いに敗れた御息所の女性としての気持ちがいかにも切なく思われます。

［几帳］源氏物語九帖 葵 180×152cm（源氏物語展:2004年）

几帳「葵」は、葵の葉と牡丹の刺繍の右上に御所車があって、葵の上と六条御息所との有名な車争いの場面を思い起こさせます。御息所が亡くなる十四帖「澪標」を題材にした帯には牡丹の花が、二帖「帚木」を題材とした帯にはたくさんの葵の葉が刺繍されています。

［帯］源氏物語十四帖 澪標

［帯］源氏物語二帖 帚木（源氏物語展:2004年）

明石の君

須磨に流された源氏は、琴の名手の明石の君を愛しますが、それも束の間、都に戻ります。残された明石の君は女の子に恵まれますが、その子は都に住む紫の上に引き取られます。母として、遠くからただ娘の幸せを願うことしかできなかった明石の君。身分は低いけれど教養の高い明石の君の、子を思う気持ちはどれほどだったでしょうか。

［几帳］源氏物語十三帖 明石 180×114cm（桜浪漫展:2000年）

須磨から明石に移った源氏が出会うのが明石の君。源氏が愛したほかの女性よりも身分は低いのですが、その聡明さは誰にもひけを取りません。そんな明石の君は鮮やかな青のイメージ。几帳には舟や貝、網、魚《び》籠《く》といった海のものと明石の君が名手だったという琴が刺繍されています。

十八帖「松風」で、源氏は明石の君との間に生まれた女の子とはじめて対面します。明石の君はやがて十九帖「薄雲」で、わが子を源氏にゆだねることを決断します。雪の日に涙ながらに見送る明石の君。着物「薄雲」はそんな母の気持ちを、水の流れに寄り添う親子のおしどりで表現しています。

［屏風］源氏物語十八帖 松風 178×166cm（源氏物語展:2004年）

［着物］源氏物語十九帖 薄雲（源氏物語展:2004年）

末摘花

荒れた住まいにひっそりと住む末摘花《すえつむはな》。最後に摘まれる花、というのですから、あまり美しい人ではありません。でも源氏の君の優しさに触れて、自分なりに美しさを咲かせたいと願うのです。源氏の君は、そのひたむきな末摘花を二条院に移して、大きな愛で包みます。私は、そんな末摘花のひたむきさにかわいらしさを感じました。

［着物］源氏物語十五帖 蓬生（源氏物語展:2004年）
［帯］源氏物語六帖 末摘花（源氏物語展:2004年）

夕顔
女三宮

夕顔は、源氏物語のなかでももっとも儚い運命を持った女性です。隣家の垣に咲く夕顔の花のように可憐なその姿に源氏は心を奪われます。女三宮は帝の娘で、源氏の妻となり幸運な人生を歩みますが、幼い心のまま一生を終えます。美しく周りから大切にされた女性ですが、不義の末に出家してしまいます。

［几帳］源氏物語四帖 夕顔 180×114cm（桜浪漫展:2000年）

源氏に愛されながら、物の怪に取りつかれて命を落とす夕顔。その佳人薄命の儚げな風情を、淡い水色の几帳に映しました。花兎の地紋の入った着物「若菜・上」は、かさね色風にぼかし染めをした上に籠に入った兎が刺繍されています。父に溺愛されて育ち、いつまでも幼い少女のような女三宮のイメージです。

［着物］源氏物語三十四帖 若菜・上（桜浪漫展:2000年）

玉鬘

夕顔の忘れ形見で、明るく前向きな女性が玉鬘《たまかずら》です。はかない一生を終えた母の分まで生きるように、夫や子供に恵まれ、源氏物語の中でも特に活躍する女性です。行幸の折に、帝の美しさに感銘を受け、源氏のすすめで宮仕えをした玉鬘は、いなかで育った女性とは思えないほどに聡明な女性です。

[屏風]源氏物語二十九帖 行幸 180×166cm(源氏物語展:2004年)

二十九帖「行幸」で、玉鬘は宮中への出仕を決心します。屏風「行幸」には、貝合わせや檜扇など、宮中で使われる雅な道具類が刺繍されています。着物「玉鬘」は、夕顔の蒔絵地紋を茜色と黄色に染めぼかして、玉のイメージを源氏車に乗せた花紋で表現しています。帯も明るい茜色です。

［着物・帯］源氏物語二十二帖 玉鬘（桜浪漫展:2000年）

［打掛］源氏物語五十四帖 夢浮橋（源氏物語展:2004年）

浮舟

浮舟《うきふね》は、源氏の子・薫と匂宮の二人からの求愛で悩み苦しんで死を決意する女性です。尼僧に助けられた浮舟は、生かされた命を尼として生きることを決めます。仏道修行と手習いの日々を、自らを高めながら強く生きて行くことになります。人生のしめくくりは、孤高性をもって自然にゆだねるものであることを学びました。

五十四帖「夢浮橋」は、浮舟が尼となったのちの人生を描く源氏物語最後の巻。打掛「夢浮橋」は、流れてゆく女性の運命を青、自らの意志で切り開く運命を黄、と浮舟の人生を二つの色で表現しています。帯「東屋」、着物「浮舟」、着物「手習」は、恋に悩み、やがて川へ身を投げて助けられ、尼として生きる浮舟を表現しています。

[着物]（右）
源氏物語五十三帖 手習
（源氏物語展:2004年）
[着物]（左）
源氏物語五十一帖 浮舟
（桜浪漫展:2000年）
[帯]
源氏物語五十帖 東屋
（源氏物語展:2004年）

雪月花

［額］幻想——雪 62×46cm(雪月花展:2009年)

雪に待ちて——
天空から音もなく降ってくる雪。
山も草も私たちもただ待ち続けます。

［額］幻想――月 22×50cm（雪月花展:2009年）

月に想い――
待つことは、
想いを連れてきます。

花を唄う――
想いがあふれるほど
いっぱいになると、
心に咲いた小さな花が
唄い始めるでは
ありませんか。
それは、愛することの
大切さを
伝えているのです。

［額］幻想――花 22×50cm（雪月花展:2009年）

時代に生きた姫君

ガラシャ夫人
淀君
江

歴史の中で一輪の花を咲かせて散っていった多くの女性たち。そのけなげな心を四季の花に重ねて、着物に刺繍してみました。

ガラシャ夫人に　数奇な運命を生きた細川忠興夫人ガラシャ。山野ですっくと立つ百合の気品と美しさを、ガラシャ夫人に重ねました。

淀君に　秀吉の寵愛を一身に受けた茶々・淀君。金通しの赤地に、桜の枝を刺繍して、満開の桜に淀君の強さを表現しました。

江《ごう》に　織田信長に父・浅井長政を殺され、秀吉の庇護を受け、徳川秀忠に嫁いだお江。お江のイメージは紗綾形《さやがた》の地紋の入った濃い青地に、葵の刺繍を施した打掛です。

［着物］ガラシャ夫人に(雪月花展:2009年)
［帯］ガラシャ夫人に(雪月花展:2009年)

［打掛］江に(雪月花展:2009年)

［振袖］淀君に(雪月花展:2009年)

時代に生きた姫君

天璋院篤姫
皇女和宮

徳川の時代の最後に将軍家に嫁ぎ生き抜いた二人の女性の着物には、伝統的な江戸模様を刺繍しました。

天璋院篤姫に　薩摩藩島津家の一門に生まれ、第十三代将軍徳川家定の正室となった篤姫には、透ける浅葱色の麻地の着物。裾に江戸解《えどどき》模様を刺繍し、さらに檜扇の三つ紋を施して、格調のある着物に仕上げました。

皇女和宮に　皇女として生まれ、時代の流れの中で将軍家に降嫁することを余儀なくされた和宮。江戸時代の最末期を生きた、第十四代将軍徳川家茂の正室、和宮には、緋色の綸子地の振袖に紗綾形と檜扇、花の刺繍を施して。

［振袖］皇女和宮に（雪月花展:2009年）

［着物］天璋院篤姫に（雪月花展:2009年）

時代に生きた姫君

静御前
北条政子

鎌倉時代を彩る二人の女性。ひとりは源平の合戦のあと、兄頼朝に追われた源義経を慕う静御前。そして次の時代を尼将軍として生きた北条政子。それぞれがやはり歴史に咲いた一輪の花でした。

静御前に　義経が京を落ちて九州に逃れたあと、北条に捕えられた静御前は、政子の前で白拍子を舞います。静御前の花の心を表現した着物には、舞い姿が映えるように上だけに藤の花房を刺繍しました。

北条政子に　頼朝に尽くした政子は、頼朝の死後、北条家のために自ら権力をふるいます。政子の着物は、大輪の白牡丹と蝶の刺繍です。

［振袖］北条政子に（雪月花展:2009年）

［振袖］静御前に（雪月花展:2009年）

自然に生きて

[屏風]流水 145×106cm(雪月花展:2009年)

[屏風]流れ雲 150×180cm(雪月花展:2009年)

[屏風]太陽 138×145cm(雪月花展:2009年)

[屏風]風雨 125×154cm(雪月花展:2009年)

日本の穏やかな気候と四季のうつろいは、美しい風景をもたらし、日本人の感性豊かな心を育ててきました。そんな大切な自然に対する感動と、感謝の気持ちをいろいろなかたちで表現しました。富士山にたなびく雲、水の流れと川辺の草花、紅葉を散らす風、小さな花にそそぐ日の光、竹藪の中に見え隠れする椿を、それぞれ屏風の形にしました。

［屏風］雪椿 144×142cm（雪月花展:2009年）

海の月、山の月

月の光　青海波《せいがいは》の地紋を染めた濃い青は、深い海の中の色です。そこに差し込む一筋の月の光。透き通る海月《くらげ》のからだを月の光がやさしく照らし、海の生き物が光の中を舞い続けます。その上に重ねた紗にも、透明な海月の刺繍が施され、ゆらゆらと揺れています。女性としての感性で、怪しい幻想的な世界をつむぎ出しました。

［タペストリー］月の光 139×74cm（雪月花展:2009年）

［タペストリー］月のしずく 140×72cm（雪月花展:2009年）

月のしずく 淡い緑は、どこまでも続く草はらを静かに照らす満月の光。はっとするほどの明るさのなかで、野の草のそこここに、夜の露が小さく光っています。それはまるで天上の月から落ちて草の上にとどまったしずくのようです。海の底とはまた違う、日本の秋の風景の深い静けさの奥行きを、緑の濃淡の刺繍で表現しています。

第二章 命の五部作

命を終えるということが人間の最後の尊い仕事だと思ったことがありました。五十代の頃、夫の母を介護しながら命について思い悩んでいたのですが、最後に旅立った母の表情が、私には神々しく見えたのです。残された私たちは、哀しみの中で、自分が生かされていることへの感謝の気持ちに気づきました。それが「命のシリーズ」を創作するきっかけとなりました。自然への感謝。地球への感謝。平和への感謝。ひとり一人が、感謝の気持ちを共感し合えるようにと、ひと針ひと針に思いを託しました。それはやがて祈りにも通じて行くような気がしています。

命の讃歌

夫の母が病に倒れた時、私は、刺繍の仕事をなにもかもやめて、義母の介護に専念しようと決めたのですが、夫は刺繍だけは続けるようにと言ってくれました。仕事と介護の十年間の末に、義母は亡くなりました。家族を失った悲しみの中で、私は夫と一緒に旅に出ました。それは今思うと傷心の旅だったのですが、訪れたローマの古い街並みの中で私は、今生かされていることに心からの感謝の気持ちを持つことができたのです。そんな、生きることへの感謝、命の大切さにあらためて気づいた自分の気持ちを、刺繍で表現しました。

［タペストリー］命の讃歌　156×102cm（夢刺繍展：1996年）

永遠なる祈り

世の中は、時の流れに変容して行きます。でも、どんなに時代が移り変わっても、春になるといっせいに咲き誇る桜への日本人の特別な思いは、変わらなかったように思います。桜をテーマにした大きな舞台を前に、私は、奥州を旅して数々の歌を詠んだ桜の歌人・西行法師のお墓参りに行きました。「願はくは花の下にて春死なん」と歌った西行法師。日本人の桜の花への思いと同じように、人の心はその深いところで、ずっと変わらずにいてほしい。私はそんなことを願いながら、千年前と変わらぬ花の風景を描きました。

［タペストリー］永遠なる祈り　１５６×１０２㎝（桜浪漫展：２０００年）

野辺に送る詠《うた》

大好きだった私の兄は、働き盛りの五十六歳で亡くなりました。志半ばで亡くなったその顔はくやしさでいっぱいでした。義母の介護の時期と重なりましたので、身近なふたりの家族の生き死にを思って、私の心は乱れました。それから数年たって訪れた京都・念仏寺。揺れる秋風の中で、老いること、死にゆくことの寂しさを噛み締めていると、ふと道端の何ということのない石ころにも魂が宿っていることを感じました。その感覚は、天空に昇天していく兄の面影とも重なり、私は生きていることの素晴らしさに思い至りました。その時の気持ちを刺繍で表現したのです。まだ、私のそばに見え隠れしている兄の面影を、天空に昇天させてあげたいという決心に到り、作品となりました。

［タペストリー］野辺に送る詠　153×102cm（源氏物語展：2004年）

我が愛する生命《いのち》の大地

私の作品を見てくださったある方から唐突に、あなたはアフリカを見てくるといい、と言われたことがあります。それがきっかけで、私はアフリカ・ケニアへの旅に出ました。人類が最初に生まれたその場所に立ってみたいと思ったのです。ケニアの広大な大地の上で、空に星空があるように地球の中にも太古の生命が輝いているのではないか、私たちは、ひとつしかないこの地球をなんとしても守って行かなければならないということを、強く思いました。あらゆる生命が生きていけるように、地球を大切にしよう。そんな思いの虹を未来へかけたいのです。

［タペストリー］我が愛する生命の大地　164×102㎝（雪月花展：2009年）

天空に輝く生命《いのち》

イギリスを訪れて、大英博物館で世界中の歴史的文化遺産を目の当たりにした時、私は自分がこれから歩んで行く道を教えられたような気がしました。紀元前からの、無名の人々によって作られた数々の芸術的作品が、まるで天の河が流れているようにそこにありました。そしてそれは、今の私たちに何かを伝えようとしていました。数多くの古代の作品が、私たちの心の中の星となっていつまでも輝き続けるように、私も、作品を通じて自分の思いを伝えて行こうと思ったのです。

［タペストリー］天空に輝く生命 190×172cm（2013年）

第四章

祈り

先の東日本大震災の時、私は、生まれて初めてと言ってもいいほど大きな不安を感じました。当初は何も考えられなかった私でしたが、月日がたつにつれ、ふるさと日本のために、今自分ができることがあるならそれをしなければ、と思うようになりました。十数年前、私はまだ若かった兄を亡くしました。そのとき、深い悲しみの中で兄への祈りをこめて天女の姿を刺繍したのですが、その天女を、被災した東北の方々に見ていただきたい、それが私の願いになりました。

震災の年の夏、私は宮城県の伊豆沼を訪れました。そこには美しい風景が残っていて、まるで震災で亡くなった方たちの魂を供養しているように見えました。大きな蓮の花が水面いっぱいに広がり、白鷺が舞っていたのです。愛あふれる天女、希望の蓮の花、そして勇気の鳥をひとつの作品にすることが、今の私にできることだと、そのとき思いました。

愛と希望と勇気。それは、ふるさと日本を未来へと繋げるために、私たちが大切にしなければならないことだと思います。自分の赤ちゃんのためのひと針の刺繍から四十年。私の祈りの気持ちを、いくばくかでもかたちにすることができたように感じています。

その上に美しい天女たちが舞い踊り、命の尊さを謳う。草乃しずかの祈りの刺繍の世界がここにあります

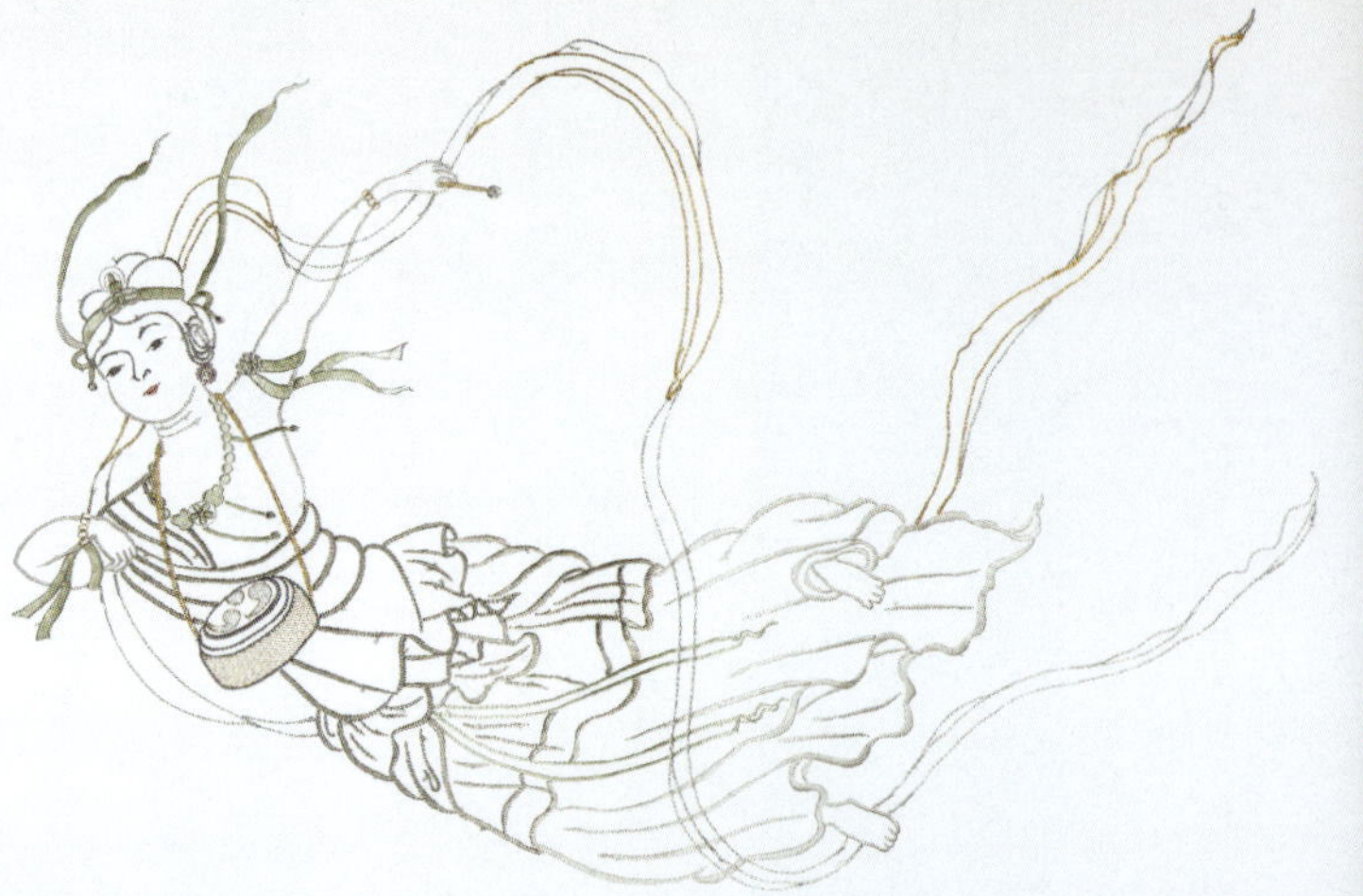

［タペストリー］祈り（天女）３４０×４３２cm（夢刺繍展：２００４年）
［タペストリー］祈り（蓮と鳥）３４０×１６５cm（２０１３年）

第五章

妻として、母として、作家として

草乃しずかの半生

草乃しずかさんの作品には、伝統的な日本刺繡の技法だけにとどまらない、女性らしく優しい色の世界があります。繊細で豊かな感性だけが生み出すことができる、独自の色彩の世界です。四十年間、刺繡で自分を表現し続けてきた草乃しずかさんとは、それではどんな女性なのでしょうか。その半生を、草乃さんご自身に語っていただきました。

水の濁りの中から生まれて咲くという蓮の花。輝くばかりの飾り羽を宙にひらめかせる鳥の群。

田舎で育った少女時代

昭和19年。日本はまだ戦争のさなか、東京には疎開命令が出て、本土空襲が次第に現実になりつつあった頃です。この年の5月18日、草乃しずかさんは父正昭さん、母静子さんの長女として、石川県羽咋市で生を受けました。一家が東京からこの地に疎開していたときに、3人のお兄様の下の末っ子として生まれた草乃さんは、ご両親には初めての女の子でした。特に可愛がられて育ったことは、容易に想像することができます。戦争中でしたので、当時の写真は残っていません。やがて終戦を迎え、戦後の混乱期を経て、草乃さんの最初の写真は4歳の時、きれいに着飾ったお稚児さんの姿です。

「父の実家が能登のお寺でしたので、お寺の行事でお稚児さんになったのです。私のいちばん小さい時の写真ですね。もう戦争は終わっていましたが、世の中はまだまだたいへんな時代で、家はつましい生活をしていましたのに、母は私にいろいろな服を着せてくれました」

かつての大地主の家に育ち、文学少女でおしゃれが大好きだったお母様は、末っ子でひとり娘の草乃さんに、ご自分が着せたいと思う服をすべて手作りして着せてくれたそうです。草乃さんの刺繍の原点も、そのお母様にありました。

草乃さんのいちばん幼い時の写真。4歳の頃、お稚児さんの衣装で。

8歳。東京へ引っ越した直後。通っていた小学校の正門で。

お母さま手作りの着物姿の草乃さん。本が友達だった10歳の頃。

「夜中にふと目が覚めると、母が針仕事をしている後ろ姿を見ることがありました。私の着物や洋服を縫ってくれていたこともありますが、自分が着る古い着物にもいろいろと手を加えて、おしゃれな着物に仕上げていくのです。いつもは私のお母さんなのに、針仕事と向き合う母の後ろ姿が、母というより一人の女性に見えて、少し寂しい気持ちがしたのを思い出します。私が刺繍で自分を表現することを思い立ったのも、そんな母の姿を見ていたことが背景にあるのかもしれません。母にはしっかりとした美意識というものがありました。自分が着るものを自分の美意識に合うように創り上げていく情熱は、百歳の今でも変わっていません。考えてみると、今、私も同じようなことをしているのですが、自分の母親ながら、すごい人だな、と思います」

末っ子の草乃さんは、ご両親と3人のお兄様に見守られて、のびのびと育ちます。着物姿の写真を見ると、とてもおとなしい女の子に思えますが、実際はむしろとても活発なお嬢さんだったようです。

「育ったのは田舎でしたので、毎日、野山で遊んでいました。野原を駆け回ったり、能登の海を眺めたり、花や虫と遊んだり、とにかく元気な女の子でした。感受性が強くて、いつもなにかしないではいられなかったのでしょうね」

のちに草乃さんの刺繍で、蝶や虫や海の生き物などがモチーフとなるのは、そんな能登の自然に遊んだ子供時代の思い出があるからかもしれません。また、加賀百万石の石川県は、昔から北前船がもたらす京文化の影響を色濃く受けてきた土地です。九谷焼、輪島塗など、地元で生まれた伝統工芸も多く、そんな土地柄は、いろいろなところで少女時代の草乃さんの美意識を磨いていきます。

「母の実家がもとは庄屋さんでしたから、日常の食器もそうでしたが、掛け軸とか漆器とか、京都や金沢のいろいろないいものがあって、祖父や祖母が、よく私に見せてくれていたそうです。塗りの漆黒の空間に鮮やかな色や金銀のひと筆が映える、というようなものを見て育ったので、日本海の荒れた海と色彩が一緒になって、小さいうちから、自然に対する畏敬の念や美しさに対する感性が育ったような気がします。蔵に行くと、子供ながらに美しいと思うものがたくさんありました。祖父も祖母も、孫の私に能登や金沢のいいものを見せておこうと思ってくれていたのでしょうね」

九谷焼の鮮やかな色彩。輪島塗の絢爛たる金蒔絵。それは、日本刺繍の絹糸が生み出す繊細な美しさとどこか通じるものがありそうな気がします。能登、金沢はまた、お茶の盛んな土地でもあります。

「祖父は茶人だったそうです。掛け軸と

かお花とか、床飾りを自分でしていました。その様子を私が見ていると、これは古久谷の香炉、花活けに飾る花はこんな花、というように教えてくれました。住んでいたのはずいぶん田舎だと思っていたのですが、父の実家がお寺で母の実家が庄屋さんという環境で、本当にいいものを見ることができたのだと思います」

東京での小学生時代

昭和26年、草乃さんが小学校2年生の時に、一家は東京・世田谷に戻ります。能登の自然の中ですくすくと育った草乃さんの生活は、しかし東京で一変します。当時の写真の、日の丸が掲げられた小学校の正門の上にちょこんと腰掛けた8歳の草乃さんは、どこか寂しげに見えます。

「金沢から東京に引っ越して来た頃の私は、学校でいじめられていました。というより、最初は私のほうが都会の子に馴染めなかったのでしょうね。田舎では本当に活発な少女だったのに、急に無口な子になってしまって、友達もあまりできませんでした」

毎日ひとりで本を読んだり、道端の花を見つめたり虫と遊んだり、一人ぼっちでいることが多くなりました。中原淳一の絵が大好きだった草乃さんは、『ひまわり』、『ジュニアそれいゆ』といった少女雑誌に夢中になって、絵を描いたり、空想の世界でお姫さまになったり、少しずつ自分の世界をかたちづくっていきます。

16歳の頃。高校生になると、
お友達と旅行に行くようになりました。

高校生の頃は男の子にも人気がありましたが、
特別なお付き合いはありませんでした。

19歳。ご主人と出会ったばかり。
音楽の夢をどうしても捨て切れなかった頃。

「野山を駆け回りたくても、そんなものは周りにありませんでした。お友達とおしゃべりするようなこともあまりなくて、それで本をよく読んだのですが、ですから私は空想の中で女の子らしさを育んでいたような気がします」

本が友達だったという草乃さんに、たくさんの本を買って来てくれたのがお父様でした。お寺に生まれ、学校の先生だったお父様は、能登では元気に遊んでいた草乃さんが、東京に来て寂しそうにしていることに気づいていたのだと思います。お勤めの帰りに、いろいろな本を買ってきてくれました。

「それに、父はよく美術館や映画に連れて行ってくれました。美術館には東洋や西洋の美しいものがたくさんありましたし、父が連れて行ってくれた映画は、どれも色彩豊かな美しい作品ばかりでした。金沢で見た美しいものは心に残っていましたから、今度は都会で見る美しいものを通して、心の中で、お友達づくりを始めました」

お父様が連れて行ってくれた映画でいちばん印象に残っているのは、ウォルト・ディズニーのアニメ映画だそうです。映画は、戦後間もない頃の日本の人々の、すさんだ心を癒すのに大きな役割を果たしました。少女だった草乃さんも、ディズニー映画の特にきれいな色彩に、目を奪われたといいます。

「父に連れられて初めて見たディズニー映画は『バンビ』でした。5歳ぐらいの時です。まだ能登にいた頃です。大きなスクリーンに、野の草花の美しさとは違う、今まで見たこともなかった華麗な色の世界が映し出されて、私はいっぺんで夢中になりました。父は東京に移ってからも、『白雪姫』とか『シンデレラ』とか、ディズニー映画には全部連れて行ってくれました。不思議なことに、父はいつも私だけを連れて行ったようです。兄たちは、僕たちは連れて行ってくれなかった、と言うのです。ひとりで寂しそうにしている私のことを、父が気づかってくれたということでしょうね」

子供時代に見たディズニー映画の鮮烈な印象を覚えている方は多いと思いますが、当時の日本のどこにもなかった、あの鮮やかな色彩は、もしかすると、今の草乃さんの刺繍の世界に通じるところがあるのでしょうか。

「あるかもしれません。感覚の世界を色の面とかたちで表現するわけですから。くっきりとしたかたちがあって、その中に鮮やかな色がある。そういえば九谷焼や輪島塗もそうですね。やはりくっきりとしたかたちがあって、美しい色彩にあふれています」

能登の海と花や虫、金沢の伝統工芸、そしてディズニー映画。草乃さんの少女時代の思い出は、いつも艶やかな色に満ちています。東京では孤独な少女だった草乃さんの周りには、大人にはわからないさまざまな「色」があって、女の子の想像の世界を膨らませていたのです。

感性豊かな学生時代

昭和33年、草乃さんは世田谷区の公立中学校に入学します。ここでも、まだ友達づくりの下手な少女でした。

「友達は少なくて、どちらかといえば文学少女でしたね。小学校と違って、中学生は勉強をしなくちゃいけないと思っていましたから、毎日がとにかく勉強でした。でも、その頃に初めて、おしゃれをすることに目覚めました」

昭和36年に、草乃さんはやはり世田谷区の都立桜町高等学校に入学します。高校1年生の草乃さんの写真は、それまでとは打って変わって、明るい笑顔に包まれています。おしゃれに目覚め、友達もできるようになった、この頃の草乃さんの夢は、声楽家になることでした。

「高校生になってようやく心を分かち合える友達ができました。お友達と過ごす毎日はとても楽しくて、一緒に旅行に行ったり、みんなで将来の夢を語り合ったりするのは、それまでになかった楽しい時間でした。私はずっとピアノを習っていましたので、将来の夢は、音楽の世界にありました。その頃は本もたくさん読んでいて、中原中也などの詩も好きでしたが、詩は、すべてを語りきっていないのに、短い言葉の中に詩人のいろいろな思いが込められていますね。それで、私も自分の思いを詩に込めて、歌にしたい、と思うようになりました。声に出して歌う歌をつくりたかったのです」

昭和39年、20歳で結婚。
お付き合いを始めてまだ数か月。
夢と不安でいっぱいでした。

新婚時代。いつもきれいでいようと、
着物姿でご主人を待ちました。

昭和41年、22歳。息子さんも生まれた幸せのなかで、
刺繍を始めたのがこの頃。

草乃さんは音楽学校に行きたいと思うようになります。直接のきっかけは学芸会でした。草乃さんは歌う役を務めましたが、学校のホールで歌を披露したあと、音楽の先生が草乃さんを呼び寄せます。あなたは声がいいから音楽大学を受験しなさい。音楽の先生が、草乃さんの声楽の才能を認めてくださったのです。

「その日、私は家に帰ってすぐ両親に相談しました。でも私の家は、それまで音楽の世界とはまったく縁がありませんでしたので、父は、その道に進んでもツテがなければ無理だ、と言いました」

だから音楽学校はやめなさい、と言われて、草乃さんは一度は素直に諦めます。しかし、音楽への夢はなかなか断ち切れるものではありませんでした。音楽学校という目標はなくなっても、ピアノと歌の勉強を続けます。歌なら自分の気持ちが表現できる、と思っていました。

「父は、大学は国立でなければだめだという厳しい人でした。それで、音楽学校を諦めた私は、高校を卒業して銀行に勤めました。父はそこで銀行の人と結婚すると思っていたと思います。本当は、女の子に仕事は必要ない、結婚するのが幸せだ、という考えの人でしたから。でも、私はどうしても音楽が諦められなくて、しばらくしてまた高校時代の音楽の先生に、音大を受けたい、と相談したのです。先生は音大受験のための先生を紹介してくださいました。私はもうお給料をいただいていましたので、自分のお金で先生について、受験勉強を始めました」

大切な人との出会い

この時から、草乃さんは自立に向かいます。銀行から帰るとすぐに音大の受験勉強を始める妹を見ていたお兄様の一人が、あるとき、「芸大を出てNHKで音楽関係の仕事をしている友達がいるから、歌を聞いてもらったら?」と言ってくれました。そして、それからほどなくしてその人を家に連れて来たのです。

「19歳の時でした。その人に、私はピアノを弾きながらイタリアの歌曲を歌って聞かせました。私は純粋に受験のためにその人の感想を聞きたくて、渋谷の喫茶店で会うことにしたのです。そうしたらそこで、いきなりプロポーズされました。歌を聞いてもらっただけなのに、最初のデートでプロポーズです」

その人の前で歌を歌ったのが1月、最初のデートでプロポーズされた草乃さんは、6月にはもう婚約します。音大受験を諦めたということでしょうか。

「プロポーズの時に言われました。音楽の世界に入れば、君はもうぼろぼろになる。音楽の世界は競争の世界だから、なかには醜い脚の引っ張り合いもある。そこに入れば、人間のそういう醜い心を知ることになる、と言うのです」

そういう汚い世界に君を行かせたくな

い、と言った青年が、もちろん現在のご主人です。草乃さんはさすがに、4年待ってほしい、と頼んだそうです。音大に入って卒業するまでの4年間を待ってほしい、という当然の申し出でした。3か月ほど説得しようと頑張った草乃さんでしたが、最後には折れることになります。

「あるとき主人が、僕は一人で住んでいるけれど、帰る道すがら、いろいろな家で夕餉の支度のいいにおいがしてくる。でも、僕の家は帰っても何のにおいもしない、僕はそんな冷たい家に帰って行くんだよ、と言うのです。それを聞いてしまったら、私はなんだか、すごくかわいそうになってしまって。ですから愛とか恋とかではなくて、母心ですね。この人にあたたかくて美味しいにおいのする家を用意してあげなくちゃ、と思いました。それで私は、音大に行く夢もなにもかも捨てて、結婚ということになったのです」

　ずっと公立校に通った草乃さんは、男の子にはけっこう人気があったようです。でも、もともと無口な少女でしたので、特別なお付き合いをしたことはありませんでした。そんな無垢な少女が、半年で結婚を決意したのです。

「ということは、私は主人のことが好きになっていたのでしょうね。19歳で、愛がどんなものかもわからないのに、自分の夢を捨てて、手を握ったこともない男の人と結婚して、その人のために〝おさんどん〟をしようと思ったのですから。すごいことかもしれませんね」

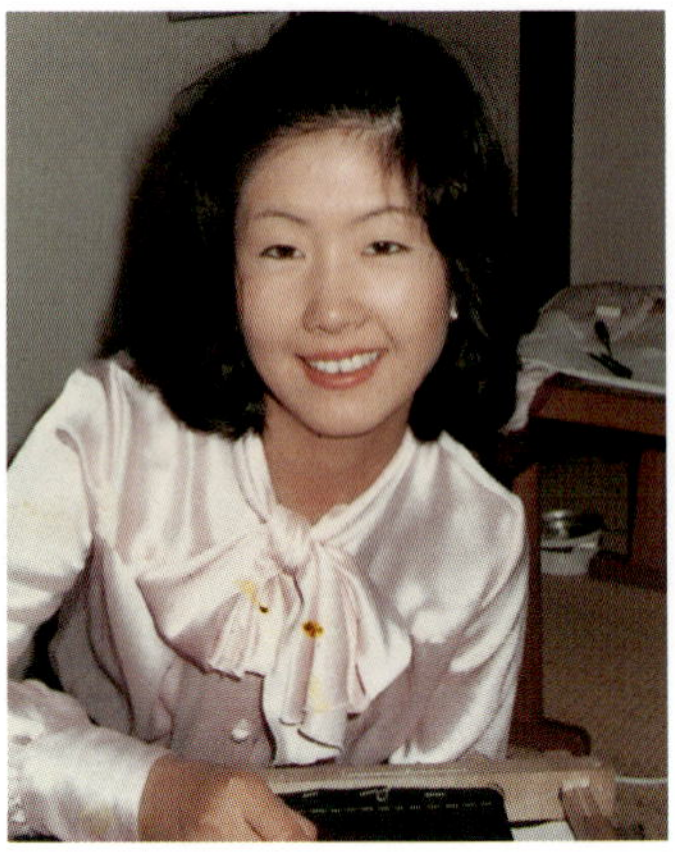

昭和46年、27歳。
日本刺繍の丹羽正明先生に出会い、草乃さんの創作活動が始まります。

昭和49年、30歳。
結婚10周年の記念日に、ご主人のカフスにバラの刺繍をしてプレゼント。

30代の頃のお正月。家族3人がそろっての年迎え。

結婚、そして出産

昭和39年9月、草乃さんは渡壁煇《わたかべあきら》さんと結婚します。20歳になったばかりで、夫のために〝おさんどん〟を続ける毎日は、穏やかで幸せなものでした。

「新妻になって夫を待つ日々になりましたが、すごく幸せでした。おままごとのようで、葉っぱのお皿に庭の赤い実を盛るのと同じで、主人のお皿に肉じゃがとか、自分がつくったお料理を盛り付ける時は、本当に楽しかった」

　主婦としての毎日が充実していたと言う草乃さんですが、美しいものに憧れたり、喜びや悲しみを人一倍感じたりする少女時代の強い感性は変わっていませんでした。忙しいなかで、子供の頃から好きだった読書を続け、空想の世界に遊ぶことも多かった草乃さんには、激しい一面もありました。

「主人の帰りが遅いのが、毎日寂しかったのです。テレビ局で、きれいな女の人とのお仕事も多いから、私は主人をほかの女の人にとられないようにと思っていました。私の勝手な想像なのですが、女の嫉妬心が出てきたのです。主人が遅い時間に帰っても、私はパジャマ姿でいたりしないで、いつも美しい女性でいたいと思って、深夜でも、着物姿できれいにして玄関まで迎えに行きました。自分の意志でそうしていたのですが、そこには、私の想像の世界が生まれていました。自分自身を創作するような世界です」

　やがて子宝に恵まれて、草乃さんは一児の母になります。

「赤ちゃんができて、母親はどうあるべきか、ということをあれこれと考えました。本の中に出てきたいろいろな母親像を思い返したり、私の母と私自身とを比べたり、試行錯誤を繰り返しながら、母親になる幸せを思いました。そんなあるとき、産着に刺繍をしてみたのです。それが、私の刺繍の始まりでした」

　布に手を加えて、自分だけの美意識で飾ることを覚えたのはもう少し前、やはりお母様の影響でした。

「母の場合はアプリケでした。母が着物にアプリケなどをしているのを見て、私も自分の部屋を素敵な夢の空間にしようと思って、小鳥のアプリケの掛け物で飾りました。当時は母親の真似をしていただけだったと思います。結婚して赤ちゃんができた時に初めて、刺繍をしてみたのです。真っ白な産着に小さな花の刺繍を入れたら、それだけで産着がかわいらしくなって、色がないところにきれいな色で刺繍をすると、そこに私の心が芽生える、ピンクの小さな花とグリーンの葉っぱに生まれてくる赤ちゃんへの私の気持ちが入っている、この小さな花が母になる私の気持ちなんだ、ということがさまざまとわかりました。それがおもしろくて、子供が生まれると、少女の頃に自分の部屋を飾ったように、こんどは息子のために刺繍で部屋を飾りました」

日本刺繍に巡り合う

その頃はまだフランス刺繍で、技術的にも未熟だったという草乃さんですが、当時の刺繍のひとつひとつには草乃さんの幸せが込められているはずです。でも、お子さんは男の子でしたので、小学校に入る頃になると、刺繍の入った服を着てくれなくなりました。

「それからは自分のものに刺繍をするようになりました。そのうちに着物や帯にも刺繍をしたいと思うようになって、着物は絹ですからフランス刺繍というわけにはいかなくて、思い切って、日本刺繍の丹羽正明先生の門を叩いたのです」

昭和46年、草乃さんが27歳の時でした。丹羽先生は最初、商売のためなら教えませんよ、とおっしゃったそうです。草乃さんは刺繍が商売になるということすら考えてもいなかったので、素直に、自分が着る着物を刺繍で飾りたい、ということを伝えました。すると先生は、ご自分の創作のためならお教えしましょう、とおっしゃって、草乃さんに日本刺繍の基礎から手ほどきしてくださることになったのです。

「丹羽先生はプライドの高い方でした。創作作品を発表されていて、日本刺繍をアートにしようとされていました。でも、世の中が必要としていたのは商売の刺繍のほうで、それで先生は女子大の日本刺繍科で教えていらっしゃいました」

昭和55年、36歳。本格的にデザインの勉強をしていた頃。展示会での実演。

平成9年、53歳。刺繍展の会場で講演。500～600人もの方が集まってくださいました。

仕事をしながら10年の間、介護の日々を過ごしたお義母さまと。

丹羽先生の、表現としての刺繍を草乃さんは学びました。商売ではなく、芸術活動としての刺繍という考え方は、草乃さんが思う刺繍と方向が一致していました。草乃さんの刺繍は、喜びや悲しみや憧れといった、自分の気持ちを表現するための手段だったのです。けれども、学んでいくうちに、自分が男性の丹羽先生とは少し違うものを求めていることに、草乃さんは気づきます。先生の作品からは、生徒としてさまざまなことを学ぶことができるのですが、女性の自分が帯や着物に刺繍したいと思うものとは、どこか違っていたのです。

「構図や色彩が、やはり男の方の感覚だったのです。私が着たいと思う着物や帯には似合わなかった。九谷焼の絵柄とか、歌の心とか、私が昔から好きだったものとどこかが違うのです。私は、やさしさとか、やわらかさとか、しなやかさとか、そういうものが欲しかったので、それで、先生から技術を教えていただきながら、最初は先生と同じデザインに、自分らしい色で刺繍することを始めました」

刺繍作家として

こうして、草乃さんは少しずつ自分の刺繍の世界を創り上げていきます。刺繍をアートにしようとしていた丹羽先生は、そんな草乃さんの創作活動に理解を示し、温かい目で見守っていたようです。のちに草乃さんが初めて刺繍の展覧会を開いたとき、来てくださった先生はたいそう喜ばれたそうです。

「展示された作品を、終始にこやかに見てくださって、うれしそうに、君は違うね、とおっしゃいました。そして、日本刺繍の本をつくりなさい、君は、伝統的な日本刺繍の今と未来というものをきちっとまとめるような仕事をするといい、とおっしゃってくださいました」

刺繍には自分の心が表れる、刺繍は、自分の心があっての結果として生まれるもの、と草乃さんは言います。技術だけでなく、作家としての生き方そのものを、丹羽先生から学んだということでしょう。

「先生が最初から、私が思うような刺繍をすんなり教えてくださったら、たぶん私は自分の世界をつくろうとは思わなかったと思います。先生から技術を学びながら、先生とは違う自分の感性で作品をつくり出そうと思ったところから、私の刺繍が始まったのかもしれません」

アートとしての刺繍を目指して自分の世界をつくろうと考えた草乃さんは、昭和50年頃から、本格的にデザインの勉強を始めました。さまざまなデザインを考えては作品をつくり、それで個展を開こうと思ったところに、草乃さんの独特の方法がありました。それは、自分の作品をいろいろな人に見てもらって、その見ている人の背中から、人の感動を感じとる、という方法です。

「最初は、正倉院の時代をテーマにしま

した。正倉院の仏教関係の御物を見たり、美術館でシルクロードを経て日本に伝わった西洋の文物を見たりして、そこからインスピレーションをもらいました。そして次は桃山時代、次は江戸時代というように、時代を少しずつ区切りながらデパートの小さなスペースを借りての展示会を続けたのです。デザインを勉強しながら作品をつくっていって、その都度、みなさんに作品を見ていただきました。見てくださる方の背中で、どんなものをいいと思ってくださるのかがわかります。そんなふうに、一般の方が感動してくださるのを見させていただいて、私は自分のデザインを磨いてきたのです」

草乃さんのお父様の教え子に美術大学の学長になった方がいて、その方は「それがよかったんだよ」と言われたそうです。「そうやって長い時間をかけて自分の中に紡いできた美意識というものが、あなたの自分らしさなんだ」というその方の言葉に草乃さんは大いに励まされて、そうした努力を続けてこられたのです。

本格的な創作活動

昭和52年、33歳の時、草乃さんは日本刺繍の教室を開きます。

草乃さんが、刺繍を本格的に自分の仕事にしようと考えたとき、結婚当初、音楽の道に進むことをあれほど反対されたご主人は、こんどは積極的に応援してく

平成13年、57歳。展覧会会場での講習会のあと、刺繍の実演も。教室も増えました。

92歳で古裂コラージュ作家としてデビューした100歳のアーティスト、お母さまの三星静子さんと。

れたそうです。罪の意識があったんでしょう、と草乃さんは笑いますが、ご主人は当時を振り返って「妻の才能をはっきりと認めていたからです」と力強くおっしゃいました。でも、「プロポーズの時は、なにがなんでも早くご自分の奥様にしたかったのではないですか」という質問には、ただ笑っていらっしゃるだけで、答えていただけませんでした。

昭和54年、草乃さんはNHK文化センターから日本刺繍の講師として招かれます。当時の私はまだまだお嬢さんでした、と言う草乃さんですが、この時分から、「日々の生活のなかに生かして楽しむ日本刺繍」の提唱・普及活動を始めることになります。

昭和62年、NHK「婦人百科」に初出演。NHK「手芸フェスティバル」に初参加。それ以降、NHKの「婦人百科」や「おしゃれ工房」に多数出演するなど、草乃さんの活動範囲はどんどん広がっていきます。

介護の日々

テレビ出演も多くなり、刺繍の教室も次第に増えて、刺繍作家としての草乃さんは順風満帆でしたが、その頃に、ご主人のお母様が病に倒れました。

「主人の母が脳溢血で倒れました。私たちは東京で義母《はは》と同居しながら介護することになりました。テレビ番組の出演がありましたし、刺繍の教室も少しずつ増えていて、私は全国をまわるようになっていましたので、仕事と義母《はは》の介護との両立はたいへんなことでした。いろいろ考えた末、主人に、私は刺繍の仕事をやめて、お義母《かあ》様の介護だけをしてあげたい、と言ったことがあります。義母《はは》の姿がかわいそうで、私は刺繍もなにもかも捨てていいと思って、一度はそう決めていました」

そんな草乃さんにご主人は、刺繍だけはやめないでほしい、とおっしゃったそうです。母がやがて天国に行ったときに君はやめたことをきっと後悔する、母のために仕事をやめたのでは僕がつらい、と。それは、たったひとりの息子さんだったご主人にとっては、なかなか言えない言葉だったと思います。ご主人にとっても、それは大きな決断でした。

「日常の義母《はは》の面倒はほかの人に見てもらうことになりました。私は1週間に一度、義母《はは》に会いに行って、夫は、そのときに1週間分の心を分けてくれればいいと言ってくれました。それで私は、刺繍創作も、自分の小さな個展も、お教室も続けることができました。義母《はは》に寂しい思いをさせてまでしていることでしたから私も懸命でした。刺繍を続けさせてくれた夫には本当に感謝しています」

お義母《かあ》様が倒れたとき、草乃さんはまだ40代のはじめでした。それから10年のあいだ、仕事を続けながらの介護の日々が続きました。

「義母《はは》は昔の人でしたから、私が行くと、

あなたは夫の収入だけで充分やっていけるのだから、刺繡なんかやめて普通の奥さんになりなさい、とよく言われました。主人はわかってくれていましたから、それは気にしなくていいよ、と言って、私が仕事を続けられるように気を配ってくれました。なかなかわかってくれない義《は》母《は》に、時には腹を立ててしまうこともありました。でもそんなとき、刺繡の台の前に座ると、私は義母《はは》を客観的に見ることができるようになって、病の義母《はは》の気持ちになれました。何を言われても、刺繡と向き合えば自分の心がきれいになって、次に会いに行くときにはやさしくなれたのです。刺繡と向き合う時間があったからこそ、そんな気持ちになれたのですが、主人もそのことがわかっていて、続けるように言ったのだと思います」

10年の歳月が流れて、草乃さんのお義《か》母《あ》様は、静かに亡くなりました。

「亡くなったとき、義母《はは》の顔にはしわも何も全部なくなって、とてもきれいな顔になって、神々しいようでした。生き物には生まれてくるときの美しさもありますが、死んでゆくときの美しさもある、そんなふうに思いました。私は、生きていることだけでなく、死ぬことも美しくとらえられたらいいと思っていますが、それは自分の気持ち次第でしょうね」

やがて年号が平成に変わる頃から、草乃さんの作品は高い精神性を表現する方向を深めていきます。刺繡で自分の心を表現した作品、小説や物語に登場する女性たちに草乃さんが着せてみたい着物を刺繡でつくる「文学浪漫」のシリーズなどがそれです。『源氏物語』の女主人公をテーマとした「源氏物語そして命の輝き」展は、草乃さんの刺繡30周年の集大成として、東京、横浜、京都、名古屋、仙台、金沢などの各地で開催された大きな個展でした。平成18年には、初の英語版作品集『KIMONO EMBROIDERY』（講談社インターナショナル）が刊行されます。出版物では、平成20年の『日本刺繡の美しい図案』（NHK出版）、平成21年の『草乃しずかの夢見る日本刺繡』（世界文化社）など、多数が刊行されています。

平成25年、10月。2年毎に開催して13回を数えた教室展。
生徒さんたちに囲まれて。

人類が生まれた土地に行きたいと思って、アフリカ・ケニアへ。
いろいろな知的刺激を受けました。

東日本大震災

そして平成23年3月11日、あの東日本大震災が起きました。東北には刺繡の教室もあり、心労で草乃さんの心は千々に乱れました。繊細で感受性の強かった少女の心に戻って、草乃さんは、一時は自分を見失ってしまったかのようだったそうです。亡くなったお父様やお兄様、お義母《かあ》様のこと、被災した東北の大勢の人々のこと、日本の行く末のこと、そうしたものが大きな不安となって、草乃さんの心をいっぱいにしてしまったのかもしれません。それから、時がたつにつれて、草乃さんの気持ちは少しずつ落ち着いて、やがて自分のそんな心を刺繡で表現することを考えるようになります。

平成26年、2014年の「ひと針の祈り」展は、刺繡作家・草乃しずかさんが、70年の足跡を踏まえて行き着いた〝祈り〟をテーマにしています。

「奈良の中宮寺に、国宝の『天寿国繡帳』があります。聖徳太子が亡くなったときに、太子の天国での幸せを祈ってつくられた刺繡のタペストリーです。兄が亡くなったとき、私も、そんな祈りの気持ちを込めて天女の刺繡を繡《ぬ》ったことがあったのですが、震災のあと、それを東北の方に見ていただきたい、と思いました。70歳に近い年齢になった私が思ったことは、『祈りの刺繡』ということだったのです。創作の究極のテーマは生と死だと思います。ひと針の祈りというのは、私たちにとっていちばん大切なことは、今生きている自分を思うこと、そして亡くなった方たちを思うこと、それが祈りなのではないか、ということなのです。一枚の布と向き合って刺繡をしていると、それが最後には祈りに通じてゆく……。今は、そんなふうに思うのです」

平成25年10月のある朝、草乃さんは、40年の刺繡創作の集大成ともいえる展覧会を前に、全国の刺繡教室の生徒さんたちとの教室展「繡い遊びの会・草乃しずか仲間たち」展の東京銀座の会場に、やがてやってくるたくさんの教え子たちを待って、清楚な着物姿で佇んでいました。2年に一度開かれるその会は、この日、13回目を迎えていました。

第六章 草乃しずかの着物がたり

着物は、日本の長い歴史の中で私たちの美意識となって今日まで受け継がれています。〝心に着せて〟というテーマの私の刺繍作品は、小説や物語に登場した女性や、歴史上活躍した女性の生き方を私なりのイメージで着物として表現したものでした。

ここにご紹介するのは、私自身、草乃しずか自身が、その時その心に着てみたいと思う装いです。私は、日本の美しい四季に合わせて歳時記のように、その風景に溶け込むようにおしゃれをしたいと思っています。

一月

浅草寺に初詣

夫婦ともに健やかでありますように

竹と雪輪の江戸小紋に合わせて
羽織にふくら雀を刺繍しました。
合わせる帯には、
しめ飾りと南天を刺繍しています。
バッグは幾何学模様の刺繍です。

[帯]しめ飾り [半襟]雪輪 [コート]雀紋 [バッグ]幾何学模様

二月

節分　幼な友達とおしゃべり

小さい頃からのお友達に会うと、思い出話に花が咲きます。そんな楽しい気分で着る紬の着物には江戸玩具の刺繍です。帯はおたふくと節分の刺繍。帯〆にも梅の刺繍があります。

［着物］江戸玩具 ［帯］豆まき ［帯〆］梅紋 ［巾着］江戸玩具

三月

雛祭

お雛さまの装いで街へ

こんな装いでショッピングに出かけたい。
うさぎ雛を刺繍した布と思い出の布を組み合わせた帯。
うさぎは私の大好きな図柄で、羽織には花喰いうさぎ紋をアレンジ刺繍しました。

[羽織]うさぎ雛 [帯]お雛様・布あわせ [草履]源氏香

四月

お花見　千鳥ヶ淵の桜を見に

お花見には、蝶々になった気分で。大島の着物の蝶にはビーズを付け、あまりキラキラしないようにオーガンジーで被いました。帯にも色とりどりの蝶の刺繍にビーズを付けました。

［着物］蝶・ビーズ［帯］蝶・ビーズ［草履］桜

五月

お誕生日　家族で食事会へ

家族の誕生日には、一家揃ってレストランで食事会をします。
五月の野バラと大好きな猫を刺繍した着物と帯の組み合わせ。
バッグには少女のような気分でレースをあしらいました。

［着物］バラ ［帯］バラと猫 ［バッグ］レース・バラ

六月

お招ばれ
母娘での装い

（娘）［振袖］鳳凰・菊・桐 ［半襟］菊 ［帯〆］菊 ［バッグ］唐花・ビーズ

結婚式のお招ばれの
母娘の装いです。
母は色留袖の染め模様に
あしらいの刺繍。
金箔に唐花の刺繍をした袋帯と
刺繍にビーズをあしらった
バッグを添えて豪華に。
娘は昔着物に
華やかな刺繍を加え、
やはり昔の丸帯を合わせます。
胸元は娘らしく刺繍した
菊の半襟です。

(母)[色留袖]鶴と松 [半襟]松と竹 [帯]唐花 [バッグ]唐花・ビーズ

七月

七夕

夫とコンサートへ

七夕の夜に夫と久し振りにコンサートへ出かけます。
着物には天の河風に刺繍とビーズで星をいっぱいにあしらいました。
琵琶の刺繍帯にもスパンコールを付けて、華やかにしました。

［着物］天の河 ［帯］琵琶 ［バッグ］ビーズ・レース ［草履］ビーズ

八月

花火見物

浴衣で涼やかに

故郷での花火見物には、浴衣に下駄の気軽な装いです。
麻帯地に流水と金魚を刺繍して、その上に花火を刺繍したオーガンジーを重ねました。
巾着と半襟は撫子《なでしこ》の刺繍で愛らしく。

［帯］金魚 ［半襟］なでしこ ［巾着］なでしこ

九月

重陽の節句　亡き人を偲ぶ

亡くなった人の面影に品の良い香りを添えて、着物には重陽の節句の菊を刺繍。
昔帯には蓮を刺繍した布を組み合わせておしゃれに。
同じ模様の抱えバッグや数珠入れも一緒に。

［着物］菊［帯］蓮［バッグ・数珠入れ］帯と同柄

十月

お茶会

親しい友人を訪ねる

友人のお茶会に誘われて、袋帯には着物の地紋と合わせて唐花の刺繍を。ショールや着物の裾まわしも唐花の刺繍です。着物の残り布でつくった数寄屋袋は、地紋起こしの刺繍です。

［着物］唐花地紋 ［帯］唐花 ［帯〆］唐花 ［ショール］唐花 ［数寄屋袋］唐花

十一月

七五三　幼い子らのお祝いに

双子の七歳のお祝いで神社へお参りに。
女の子の着物には幸せを祈って
扇面尽くしと宝尽くし。花紋の帯と桜菊の半襟はおそろいです。
お母さんはぼかし着物に唐花紋を刺繍しました。

［振袖］宝尽くし［半襟］桜菊［帯］黒字に花紋［巾着］桜と菊

［振袖］扇面尽くし［半襟］桜菊［帯］白地に花紋［巾着］桜と菊

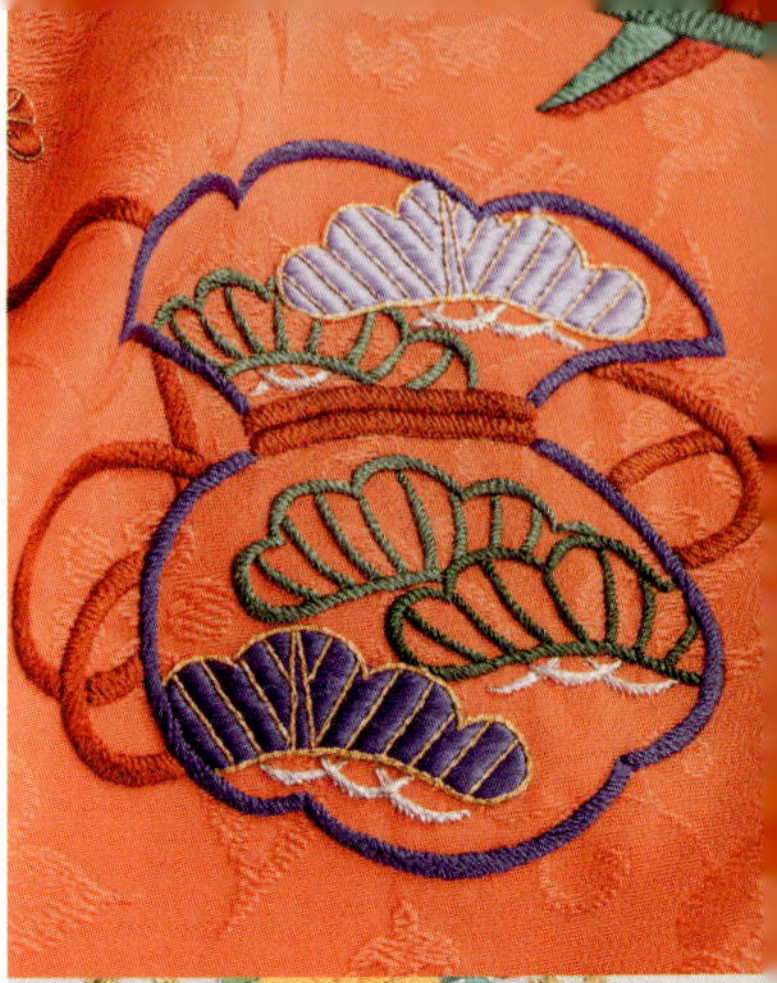

母［着物］唐花紋

十二月

クリスマスパーティー

華やかな席で

クリスマスの夜のパーティーには、ちょっと娘気分で振袖風のおしゃれ。黒地の中振り着物に金銀とモノトーンの配色で雪の結晶を刺繍。雪輪の染め帯にはひいらぎの刺繍とビーズの星を加えました。

［着物］雪の結晶 ［帯］雪輪・ビーズ ［バッグ・草履］葡萄

一年の着物コーディネイトのポイント

私が着たいと思う十二か月の着物コーディネイトには、それぞれにちょっとしたおしゃれのポイントがあります。

一月

寒い季節は羽織やコートも主役です。雀のコートを脱ぐと初詣のしめ飾りの帯姿。着物は落ち着いた江戸小紋ですが、二重の楽しさがある装いです。

二月

子供のような気持ちでおしゃべりを楽しもうと思って可愛い柄行を選びました。ただ、可愛いけれども、色づかいは大人らしくしました。

三月

私は生き物が大好きです。なかでも着物にいちばん似合うのがうさぎ。どんな季節にも合います。それでうさぎをお雛様に仕立ててみました。

四月

お花見に私は蝶の柄の着物を着ます。蝶の柄の黒大島を持っていましたが、なかなか合う帯がなかったので、自分で蝶の帯をつくりました。

五月

私のお誕生月はバラの季節です。染め抜きの猫とバラの帯を、白い帯揚と帯〆ですっきりとまとめるのがポイントです。

六月

母娘が互いに引き立たせ合うように、娘は全体に華やかですが落ち着いた色の帯でまとめ、母親は逆に帯を華やかにしました。パーティーですからバッグも華やかなビーズです。

七月

着物にビーズを使ってみたくて七夕の天の河にちりばめました。コンサートなので楽器の柄。帯留の貝の輝きもポイントです。

八月

浴衣はいつも同じようになりがちですから、大人っぽい装いを考えました。凝ってみたのは金魚と花火の帯です。

九月

亡くなった人を思う時におしゃれというのは憚られるかもしれませんが、精一杯心を尽くして行くというのも装いだと思います。

十月

お茶会ですので控えめに、着物の地紋を帯や小物に刺繍で生かしました。着物表はそのままで、裾回しに少しだけ刺繍をしています。

十一月

ポイントは、女の子の着物に合わせた可愛らしい半襟です。ほかにも巾着とか、小さなところに気を配ってあげるのが母親だと思います。お祝いですので母親の装いは全体に格調高いものに。

十二月

年の最後に集まる席は、あえて着物は黒にして、金糸銀糸で照明に輝く模様をつけました。帯揚と帯〆はクリスマスカラーです。

最終章

未来へ

日本特有の風土や文化は、昔から外国からの影響を受けながらも独自に育ってきました。

他を受け入れる柔軟さ、辛抱強さ、そして謙虚さ。それはすべて、日本人の優しさにつながっているのではないでしょうか。

草乃しずかの二〇〇〇年のテーマだった〝永遠なる祈り〟には、「桜を愛する美しい日本が永遠に」というメッセージをこめました。

あれから十五年の月日が流れて、人の心は世の中の激変に疲れはじめているように思えてなりません。

今このような時に、美しい日本の歴史を未来に伝えるために、私たちには大きな勇気と決意が必要なのではないかと思います。

緑の大地を彩るさくらの花。さくらは、勇気をもって火の鳥の尾や翼にのって、太陽に向かって大きく羽ばたいて行くのです。

子供たちの未来のために、毎日の流れの中でひとり一人ができることを、手を取り合って進めていけたら、と思います。

飛翔――桜伝説

いとしい故郷よ
あなたはどこへ行くのでしょうか
さあ　つかまえて
私の手に　あなたの手に

美しい故郷よ
心やさしい故郷よ
私たちの幸せな時を刻みゆくために
さあ　手をつなぎましょう

花開く桜　そして散りゆく桜
時の流れに　喜びも悲しみも乗り越えて
安らかに眠る子らのために
その瞳に希望が満ちるように
さあ　飛び立ちましょう
勇気と思いやりを翼にして

しずか

［振袖］鳳凰（2013年）

謝辞

長い人生を普通に、平凡に生きることは、簡単なようでむずかしいことです。私は、子供の頃から、むしろドラマチックな人生に憧れていたのですが、現実の私は無口で平凡な少女でした。ですから、若くして結婚し、やがて母となった私は、幸せでしたが特別ドラマチックな人生を生きてはいませんでした。でも、普通で平凡な毎日を過ごすなかで、心の中の私は、自由奔放にドラマチックに生きていたのです。空想の世界で、ときどきいろいろな思いが噴火することもあって、家族に迷惑をかけたこともありました。私の心には自分でも思ってもみなかった激しい一面があって、それを表に出す方法を、当時の私は見つけることができずにいたのだと思います。

そんな私は、二十七歳の時に日本刺繍と出会いました。平凡だと思っていた日常生活の中で、自分の感性のままに生きることができる世界を見つけたのです。一枚の布が私の舞台です。その上で、ほんの幾筋かの絹糸が、幸せであったり悲しみであったり、私のいろいろな気持ちを紡ぎ出してくれました。自分の思いを、私なりにドラマチックに表現することができたのです。

刺繍という舞台は、私一人の力では決して生まれなかったものです。私には、たくさんの方との出会いがありました。

日本刺繍の手ほどきをしてくださった丹羽正明先生は、日本刺繍がアートであることを私に教えてくださいました。先生の指導を受けながら、草乃しずかの刺繍、アートとしての刺繍の世界を追求するなかで私の大きな力となったのが、生徒さんに教えるチャンスをいただけたことでした。どこにも所属せず、肩書きもなかった私を、三浦清さんが、NHK文化センターの日本刺繍講師として認めてくださったのです。そして、草乃しずからしい表現というものがわかりかけた頃、黒柳徹子さんと出会いました。祖母や母の着物や帯に、刺繍で自分の思いを重ねる私を世の中に広く紹介してくださり、作家としてのデビューのきっかけを作ってくださいました。また、二〇〇〇年の「桜浪漫」展でたいへんお世話になった鈴木健寛さんは、東日本大震災のすぐあとに、再び展覧会のお話をくださいました。震災後の不安の中で、自分のことしか考えていなかった私は、はっと目が覚めたように思い、それが〝祈り〟に繋がりました。

私の展覧会や出版活動では、NHKサービスセンターの工藤智子さん、大和書房の佐野和恵さんほかたくさんの方のお世話になりました。そして本書では、カメラマンの中村淳さん、デザイナーの岡孝治さん、編集の尾﨑史朗さん、そしてすべてをまとめてくださった伊澤誠一さんほか編集スタッフの方々に、たいへんお世話になりました。

この場をお借りして、みなさまに心よりお礼を申し上げます。それから、これは私ごとなのですが、最後に、長い間ともに苦労や喜びを分かち合ったアトリエスタッフ、そして、世界一の理解を示してくれた私の夫にも、ありがとうの気持ちを伝えたいと思います。

草乃　しずか

草乃しずか　70年の歩み

昭和19（1944）年　0歳　5月18日。石川県羽咋市で誕生。

昭和26（1951）年　7歳　一家は東京・世田谷へ戻る。世田谷区立中丸小学校に転入。

昭和35（1960）年　16歳　世田谷区立駒留中学校を卒業、都立桜町高等学校入学。

昭和39（1964）年　20歳　19歳で出会った運命の人、渡壁煇（あきら）と結婚。

昭和44（1969）年　25歳　フランス刺繍「森山多喜子教室」に参加。

昭和46（1971）年　27歳　日本刺繍の丹羽正明氏に師事。氏の刺繍の技術を学ぶかたわら、女性としての自分らしい作品を模索する。

昭和50（1975）年　31歳　美術書などで、自分のデザインを追求するための本格的な勉強を始める。

昭和53（1978）年　34歳　NHK文化センターの日本刺繍の講師として招聘される。

昭和63（1988）年　44歳　NHK「婦人百科」に初出演。以降「おしゃれ工房」を含め、テレビ番組への出演多数。

平成8（1996）年　52歳　はじめての個展「夢刺繍展」開催。テレビ朝日「徹子の部屋」に出演。

平成9（1997）年　53歳　文学に登場する女性たちをテーマとした作品の創作を開始、「文学浪漫刺繍展」開催。

平成12（2000）年　55歳　本格的な展覧会「桜浪漫展」を開催（東京・横浜）。

平成16（2004）年　59歳　「源氏物語そして命の輝き」展を、全国10カ所で開催。

平成18（2006）年　62歳　「東京国際キルトフェスティバル」へ特別展示として出品。

平成19（2007）年　63歳　第10回を迎えた刺繍教室の生徒さんたちの作品展「繍い遊びの会」で、「地球の未来を信じる世界の子供達」を発表。

平成22（2010）年　66歳　「雪月花展」で「命の輝き」4部作の「我が愛する生命の大地」を発表。

平成23（2011）年　67歳　3月11日、東日本大震災。かつて経験したことのない大きな災害の被災者を思って、自分にできることはなにかを考える日々が続く。

平成24（2012）年　68歳　70歳を前に「祈りの刺繍」という思いに行き着く。

平成26（2014）年　70歳　草乃しずかの刺繍40周年の集大成として「草乃しずかの世界―祈りを込めて40年」展を開催。

草乃しずかさん近影（平成25年秋・アトリエにて）

草《くさ》乃《の》しずかの世界《せかい》

ひと針に祈りをこめて40年

2014年1月20日　第1刷発行

著者　草乃《くさの》しずか

発行者　佐藤 靖

発行所　大和《だいわ》書房
112-0014
東京都文京区関口1-33-4
電話03-3203-4511

造本装幀　岡 孝治
写真　中村 淳
着付　石山美津江
プロデュース　伊澤誠一
編集　尾崎史朗
編集協力　城戸真貴子
校閲　更盡社

印刷/製本　凸版印刷

ISBN978-4-479-88044-8

http://www.daiwashobo.co.jp